시 약방을 아시나요

시 약방을 아시나요

2025년 7월 25일 초판 1쇄 인쇄
2025년 8월 1일 초판 1쇄 발행

지은이 | 김종연
펴낸이 | 孫貞順

펴낸곳 | 도서출판 작가
      (03756) 서울 서대문구 북아현로6길 50
      전화 | 02)365-8111~2 팩스 | 02)365-8110
      이메일 | cultura@cultura.co.kr
      홈페이지 | www.cultura.co.kr
      등록번호 | 제13-630호(2000. 2. 9.)

편집 | 손희 김치성 설재원
디자인 | 오경은 이동홍
영업 | 박영민
관리 | 이용승

ISBN 979-11-94366-87-4 (03810)

* 잘못된 책은 구입하신 서점에서 바꾸어 드립니다.
* 이 책은 울산광역시, 울산문화관광재단 '2025년 예술창작활동 지원사업'의 지원을 받아 발간되었습니다.

값 12,000원

작가기획시선 042

시 약방을 아시나요

김종연 시조집

작가

■ 시인의 말

천천히 걸어 여기까지 왔다.

여전히, 세상의 소란들에서 무심하지 못하다.
그럼에도, 그 소란들을 껴안고
기꺼이, 고요를 향해 나아가고자 한다.

2025년 여름
김종연

차 례

시인의 말

1부 내면의 소리 1

지킬 앤 하이드 13
이웃사촌 우울 양 14
옆집 남자 불안 씨 15
실어증 16
공황주 팝니다 17
오늘도 오늘을 통과하지 못했다 18
두통 19
알고리즘 20
고려장을 치르며 21
난무하다 22
중환자실 앞에서 23
숨은그림찾기 24
내부 수리 중 25
범주에 들다 26
브레이크 타임 27

2부 세상의 소리

회색도시 31

미래 홈쇼핑 32

레밍딜레마 33

약한 자의 슬픔 34

바꿔머거 35

AI 탄생 36

나브다냐 운동 37

순살 아파트 38

그림자 아이 39

나의 모국을 고발합니다 40

신 동물농장 7계명 41

꽝, 다음 기회에 42

#한강#아령#변사#기초수급자 43

떼법 시대 44

개미투자자 클럽 45

장보기 난민 46

동백꽃 비보 47

먹방 전성시대 48

청춘의 속도 49

프리사이즈 50

계엄 정국 51

3부 자연의 소리

아프리카 초원의 밤 55
금봉암 가는 길 56
영암사지를 거닐며 58
천전리각석 59
동부리 벅수 60
욕바우 61
겨울 위양지를 걷다 62
장생포의 겨울나기 63
정선 아라리 64
그토록 감감, 그토록 무소식, 65
무환자나무 66
대왕암 꽃무릇 67
산수유에 대한 의역 68
저만치 69
기림사 감나무 70
신화리 팽나무 72
아모르파티 73
황매산 철쭉 74
그 남자의 르네상스 75
문경새재 아리랑 76

4부 내면의 소리 2

시 약방을 아시나요 79
새해 아침 80
무아 81
사과나무는 82
진주귀걸이 83
영어 공부 84
詩묘살이 85
페르시아의 흠 86
도미노 게임 87
이정자를 노래함 88
내 이름은 김하일 90
컨터롤 v 92
노힐부득과 달달박박 이야기 93
종합선물셋트 94
어디서 무엇이 되어 다시 만나랴 95
한여름밤의 난상토론 96

해설
질주정을 멈추는 여유의 언어_손남훈 98

1부
내면의 소리 1

지킬 앤 하이드

내 안의 선과 악을 분리할 수 있나요?

간단한 수술입니다 몇 분이면 끝나죠

아직도 수술 중인가요
55년이 지났는데…

이웃사촌 우울 양

그녀의 방문은 예고도 양해도 없다

어느 날은 불을 끈 채 없는 척 연기해도

집안엔 그녀가 심은 눈, 빼곡한 프리패스 존

과묵한 현관도 어느새 한 편이 돼

속달우편 배달하듯 다급한 호출이다

저 둘은 내통한 관계, 지고 마는 게임이다

옆집 남자 불안 씨

날마다 나를 스캔해 정보를 빼간다

곁눈질만 스쳐도 지레짐작이 자라서

전장의 병사들처럼 함성을 질러댄다

쇳물을 두드려 형체 빚는 용광로처럼

제 멋대로 나를 두드리는 망치질 소리

다급한 심장의 타전 음소거가 되었다

실어증

1
자가 번식 자가 증식 불어난 말들이

출구를 찾느라 온몸을 쑤셔댄다

뒤엉킨 말들의 반란, 입술을 봉쇄한다

2
우편함을 잠그고 비번까지 걸었는데

쏟아진 근황들이 안부를 강요한다

겨울잠 자는 중입니다, 팻말 하나 내건다

공황주 팝니다

잔고는 바닥인데 너는 연일 상한가

많이도 사 모았다 꾸준히, 살뜰하게

때때로 배당이 붙어 혼자서도 불어났다

생각과 상상은 언제나 멋진 팀워크

삽시간에 공포를 조력자로 포섭하지

기필코
팔고 만다 오늘은,
장외거래에서라도

오늘도 오늘을 통과하지 못했다*

초감각을 이용해도 잠을 수 없는 시간

찰나를 가로 채 말뚝질로 박아놓고

각색은 일사천리다 뭉치고 굴려가며

오늘은 팅팅 부푼 슬픔을 연기한다

큐 사인 무한반복에 밥도 잠도 반납이다

자신의, 자신에 의한 자신을 위한 세계

혼자서 추는 깨춤인 걸 여태 깨치지 못하고

신을 찾아, 신을 향해 대답을 갈구한다

애초에, 일만 분의 일 초**에 두발을 묶어놓곤

* 천서봉의 시 구절 '오늘도 오늘을 통과 못합니다'에서 차용
** 의식이 떠올랐다 사라지는 시간

두통

티끌도 모으면 태산이 된다는 듯
모른 척, 괜찮은 척, 아닌 척의 파편들
기어이 대들보를 올리며 집 한 채를 짓는다

망치질 요란하고 훈수꾼도 여럿이다
무거운 것들에 점령당한 하루 이틀…
누적은 힘이 세다는 걸 증명하는 저 공사

부풀린 집값처럼 천정부지로 치솟아
아무도 엄두 못 낼 성이 되면 어쩌지
게보린, 타이레놀 펜잘을 투하하면 폭파될까

궁리가 궁리를 물고 비밀요원 자처하며
현장을 뒤지자 꽁무니 뺀 원인들
책임을 떠넘기느라 척, 척, 척만 분주하다

알고리즘

국화차 우러날 동안 잠시 널 떠올렸어

새까만 개미 군단 끝없는 행렬처럼

꼬리에 꼬리를 물고 너는 다시 부활해

승리한 개선장군이 쏟아낸 전리품처럼

눈물의 흔적까지 당당함을 과시해

우리가 남남이라고 몇 번을 외쳐야 해?

고려장을 치르며

여직원 휴게소에서 은밀하게 접선해
할부로 책을 사고 월급날에 갚았다
행복한 채무자 시절 그 반복이 좋았다

야금야금 모은 책을 야금야금 버렸다
삼십 년 훌쩍 넘긴 마지막 동거인을
폐지장 구석에 놓자 는개비가 내렸다

호랑이 담배 피던 옛 시절이 웅성거려
밋밋한 이별식은 좀처럼 끝나지 않고
이십 대 찰랑거리던 시간 오래, 머뭇거렸다

난무하다

저녁 무렵 당도한 서울의 첫 눈 소식
손바닥 펼쳐 읽지만 저마다 다른 해석
쌓이고 또 쌓이겠다 막무가내 하늘 전언

"저, 코로나에 걸려 며칠 동안 앓았어요"
태평양 건너 온 새벽 한 시 카톡 한 줄
쌓이고 또 쌓이겠다 막무가내 새끼 걱정

중환자실 앞에서

밤새 자란 침묵이 복도까지 흘러넘쳐

덩그런 긴 의자를 삼켜버린 지 오래

발소리 저벅저벅이 제발제발로 들린다

숨은그림찾기

육군 군복을 입고 똑같은 포즈로 선

이백서른 명 훈련병 중 널 찾기 프로젝트

위대한 과업인 것처럼 결기로 가득 찼다

모자와 마스크에 가려진 얼굴, 얼굴을

사진마다 확대해가며 첫 장부터 끝 장까지

심봤다, 열 번째 사진 맨 뒷줄의 내 새끼!

세상 길 모두 막힌 코로나 팬데믹 시대

더 캠프*, 문 앞 돌길은 이미 모래가 되었다**

오 주가
오백 년 같았다
오십 사단에 널 보내고

* 대국민 국군 소통 서비스
** 이옥봉의 몽혼에서 차용

내부 수리 중

벽지로 위장한 불안을 뜯어냅니다
걱정을 너무 먹어 통통 불은 내일은
너와 나 한 몸이라며 버티기 시작해요

창문의 궁시렁이 천장에 딱 붙어
열두 개 눈을 달고 방안을 감시해요
눈칫밥 먹고 자라서 결심은 또, 소심해져요

차단된 용기와 접신을 시도해요
끊겼던 교신에 주파수를 맞추고
에워싼 방해꾼 벗어나 시야를 확보해요

범주에 들다
– 시인

하늘의 구두 가게 유리 구두 훔쳐서
열두 시가 되기 전, 마법이 풀리기 전
허공에 구두 한 짝을 걸어두고 내렸네

잘라도 굽이 자라는 지상의 구두 한 짝
구경꾼 떠나버린 숨은 구두 찾기
구름을 헤집는 중이야 이쯤이야 여기, 여기!

브레이크 타임

세상일에 종종거린 걸음을 잠시 쉬렴

남의 말 무서워서 벌벌 떨던 귀도 닫고

조용히 눈을 감아 봐, 네 숨결을 느껴 봐

2부
세상의 소리

회색도시

시간을 팔고 있는
모모의 난전 곁에
웃음을 파는 이가
슬그머니 앉았다
귀퉁이, 낡은 서책에는
웃음의 효용 적혀있다

잔웃음 함박웃음
반웃음 호걸웃음
구경꾼 몰려들어
이것저것 들춰보지만
엊그제, 표정을 읽을 줄 아는
마지막 한 명이 죽었다

구경꾼 너머너머
한 사내가 걸어온다
개시開始의 희망이
그 걸음 뒤쫓는다
난전의, 웃음이 팔리길
기도들이 일어선다

미래 홈쇼핑

당신인 듯 당신 아닌 당신 같은 존재로
부분 혹은 전체를 리모델링 해보세요

오늘도 사이보그 신청은
매진, 매진입니다

다음 방송에서 공생자를 판매합니다
카밀*은 왕나비를 공생자로 선택해

예민한 촉수와 같은
수염을 획득했습니다

애벌레 나비들 버섯들 균사들까지
공생자로 준비했으니 기대해도 좋습니다

지금은 혼종의 시대
변태變態만이 살 길입니다

* 『팬데믹 패닉 시대, 페미스토리노믹스』 카밀 이야기는 지구 행성이 지속하려면 인간과 공생자들이 상호 공존하는 법을 배워야 한다는 SF 우화

레밍딜레마

목적지가 어디인지 그게 중요하진 않아
총성은 이미 울렸고 달리기는 시작 됐어

질주의
질주에 의한
질주를 위한 시간이야

무조건 달려달려 채찍질 난무했던
종착지 절벽 앞에서 책임 질 이 누구일까

외침의
외침에 의한
외침을 위한 시간이야

약한 자의 슬픔

강함은 선망이죠
스파르타 그 나라에선
국가는 사라져도
믿음은 살아남아
면면이 이어져오며
날선 칼을 들이대요

크리스마스 이브에 넌 햄이 될 거야*
늙은 양의 비아냥에 세상은 한통속이죠
껴입은 다섯 겹 두려움
만삭보다 무거워요

* '샬롯의 거미줄'에서 무녀리로 태어난 돼지 윌버에게 늙은 양이 한 말

바꿔머거*

하루 열 시간씩 주방에 붙박이다 보면
끼니 챙길 여력은 바닥을 드러내고
보태진 매출 걱정에 하루가 늘 위태했다

고달픈 자영업자의 끼니 품앗이 '바꿔머거'
서로의 한 끼 밥에 온기까지 얹어 보내며
현대판 보릿고개를 힘겹게 넘고 있다

* 외식업자들끼리 서로 음식을 바꿔먹는 앱 서비스

AI 탄생

양수 대신 논란 속에 한 생명이 태어났다

비관론과 낙관론은 젖먹이 그를 두고

날마다 소문을 낳느라 진원지는 잊혀졌다

나브다냐* 운동

거대 기업과 맞선
한 알의 토종 종자

오늘도 묵묵하다
계란으로 바위 치며

종국엔 승리할 것이다
지구라는 뒷배 있어

*인도의 토종 종자 지키기 운동

순살 아파트

머잖아
저 건물도
삼킬 수 있겠다

이 빠진 마녀가
음흉하게 웃는다

어쩌지,
사람들 모두 잠든
평화로운 밤인데

그림자 아이*

하루에 100여 회 CCTV 열일에도
열두 살 그 아이는 찾아내지 못했다
병원도, 유치원도 학교도
가 본 적이 없는 아이

스위트홈에 버려진 현대판 늑대소년
반려견 성대 수술 그보다 더 잔인한
울음과, 물음이 소거된 채
있는데 없는 아이

* 12년간 출생신고가 안 된 유령 소년

나의 모국을 고발합니다*

자식 두고 떠난 이가
오죽하면 그랬겠나
엄마도 할머니도
그 말을 하곤 했다
천륜을 저버리는 건
그렇게 오죽한 일

버림과 학대가
도돌이표 음표였던
우리가 오죽할까
오죽하면 이럴까요
날 위해 뒤척인 밤 있냐고
묻는 일 더는 안 합니다

* SBS 뉴스토리 2022년 12월 3일 방송(20만 입양인의 절규)

신 동물농장 7계명

수정된 7계명이 다시 또 부활했다

"내 아이는 특별하다 다른 아이보다 더욱,"*

오래 전 구호 한 줄에
세상이 온통,
왁자하다

---

*『동물농장』의 수정된 7계명 중 '모든 동물은 평등하다 하지만 어떤 동물들은 다른 동물들보다 더욱 평등하다.'에서 차용. 서이초 교사 사망 사건에 부쳐.

꽝, 다음 기회에

고대 유물 발견하듯 손끝이 떨고 있다

엄지와 검지만으로 황금을 채굴하다

부푼 꿈,
가루로 날고
십 원 동전만 반짝 반짝

#한강#아령#변사#기초수급자*

네 개의 해시태그로 육십 년 생을 읽네
아령을 손목에 묶고 주인이 침몰할 동안
고시원 끈 잃은 신발에는 통곡이 자랐겠다

책상 위 십만 원이 대신 전한 적막 전언
맥락을 짚은 후에야 세상이 겨우 읽네
'청소를 잘 부탁한다' 마지막 하울링까지

---

*2024년 7월 30일 MBC 뉴스 (한강 하구에서 팔에 5kg 아령이 묶인 시신이 발견됐다.)

떼법 시대

떼법을 만든 이들
떼로 몰려다니며
떼창을 불러대니
떼 짓지 못한 이들
떼 아래 눌리고 깔려
떼죽음 당하겠다

개미투자자 클럽

티끌도 모으면 태산이 된다는데
겨우 모든 티끌에 수시로 바람 불어
팔랑귀 팔랑거리는 오후가 넘 힘들다

촉이 오면 좋을텐데 그는 늘 지각이야
성공담은 넘치는데 우리 왜 예외일까
대박꿈 박대받을까 오늘밤은 날밤 샐래

장보기 난민

먼 나라 소문처럼 시장이 멀어졌다
어둔한 걸음들을 길 위에 버려둔 채
낌새를 눈치 챈 식탁
지레 놀라 앙상하다

속도전 경쟁전으로 세상은 어지럽고
세 끼의 미션이 숙제처럼 놓인 저녁
그 멀미 가시지 않는데
아침은 또, 찾아온다

동백꽃 비보

천지사방 꽃 핀 봄날 꽃비 흩날리던 날

꽃송어리들 어깨 겯고 봄밤 한기 견디던 날

아파트 옥상에서 툭, 열세 살 소녀가 졌다

먹방 전성시대

사이비 종교처럼 추종자 삽시간 늘어
채널채널 먹방먹방 세력을 확장한다
열 끼를 한 끼에 몰아
먹고먹고 또 먹는다

위胃대大한 이야기가 위대한 이야기로
소문은 삽시간에 세상을 돌고 돌며
입들에 폭식과식대식
새 지침을 전달한다

청춘의 속도

아우토반을 질주할
엔진을 장착했지만

방지턱 곳곳이라
과속은 꿈도 못 꾼다

연이은
상습정체구간
도로는,
막혀있다

프리사이즈

무한정 늘어납니다 나를 고집하지 않아요
현금과 순금바와 즐비한 명품까지
모두 다 숨겨드립니다 당신의 불법 현장을

오리발도 가능해요 아닌 척의 달인이죠
넘치는 증거들은 주름이 삼킬 겁니다
뒷일은 제게 맡기고 양심을 연기하세요

계엄 정국

유튜브 명상가들 하나같이 입 모으네

상상이 현실 된다고, 내면을 살피라고

시국時局이 시국詩國 되는 일 상상하면 이뤄질까

3부
자연의 소리

아프리카 초원의 밤

선잠과 온잠 사이 새끼 안은 어미가
맹수의 발소리를 듣기 위해 열어 둔,
그래서 발달했을 거래
어미들의 청각은

냄새가 전달되면 사냥에 실패하기에
고양잇과 동물들은 바람을 거슬러 온대
그래서 발달했을 거래
어미들의 후각은

수만 개 길들로 어미들은 흩어졌지만
원시의 잠을 닮은 어미의 선잠들이
그 오랜 기억에 묶여 새끼의 숨, 지킨다

금봉암 가는 길

지난여름 수해로 뾰쪽해진 길들이

어딜 가냐 왜 가냐 자꾸 세워 묻는다

근방의 사과나무도 한 편임이 분명하다

초록 마당 징검돌 쭈뼛대는 속내 읽고

둥글게 빚은 인사 먼저 내어놓고

금당도 풍경화 몇 점을 품에서 꺼내준다

가고 없는 선사의 음성을 따라가며

어디쯤에 닿았을까 법당에 앉은 저들은

고요와 한 덩이가 된 부처들이 앉아 있다

화두도 참선도 모르는 낯선 이에게

쉬었다 가라 부르는 마당가 의자 하나

뾰족한 길들의 물음에 답 하나가 생겼다

영암사지를 거닐며

시간을 사고 싶네 그때부터 지금까지

이는 바람 자는 바람 온몸으로 맞으며

쌍사자 어깨선처럼 두루뭉술하고 싶네

* 경상남도 합천군 가회면에 있는 통일 신라 시대의 절터

천전리각석

그 날도 날았을까
계곡 저편 나비 한 마리

바위의 속살에 새긴
일부러 들킨 사랑*

주변은 온통 시치미다
모르는 척, 못 본 척,

* 신라시대의 것으로 추정되는 명문에는 사부지 갈문왕의 이루지 못한 사랑이 기록되어 있다.

동부리 벅수*

남천 돌다리로 누워 애간장이 타더라
행여 소문이라도 건너올까 귀를 열어도
냇물이 꿀꺽 삼키고 시치미를 떼더라

발길에 뭉개져도 눈언저리 웃음 지켜
마을과 사람들의 안녕을 지키리라
그대는, 안심하시라 더운 숨 내게 있으니

* 울주군 언양읍 동부리와 남부리를 지켜 주던 마을 수호신. 1970년대 남천의 돌다리로 사용되던 것을 마을 주민이 발견하여 다시 제당에 모셨다.

욕바우*

개명이 쉬운 세상 너도 나도 이름 바꿔
더러는 운명도 바꿔 새 삶을 산다는데
내게는 꾸지 못할 꿈 오르지 못할 나무네

그 날의 욕 파편이 살 속에 깊이 박혀
날궂이 하는 날은 욱신욱신 아픈데
날마다 항변해 봐도 듣질 않네 아무도

남천 제방 공사 때 인부 향해 욕한 사람
제발 양심 선언해 내 한 좀 풀어주소
억울한 이름 달고 산다 팻말 하나 세워 주소

* 울주군 삼남읍 남천에 있는 바위-남천 제방 공사 때 인부들의 작업을 독려
 하며 감독관이 욕을 했던 바위

겨울 위양지를 걷다

그 날의 영웅담을 아무도 묻지 않아
입술만 딸막거린 속내 참, 머쓱했던지
절반을 얼음으로 덮어 표정을 숨겼더라

양민을 위하거라 소명은 견고해서
가두고 내보냈던 물길은 신명의 길
어깨춤 흥겨웠겠다 키운 것들 열매 달 때

여자의 변신만 무죄가 아니더라
소나무 이팝나무 팽나무 느티나무
오이소 놀다 가이소 일제히 호객한다

장생포의 겨울나기

이름만 아는 사이 삼십여 년 그런 사이
그가 오래 절뚝이며 해풍에 맞섰음이
별다른 탐문 없이도 증거들은 쏟아졌다

맞춤 정장처럼 멋 부리던 골목은
동이 째 들이부은 햇살의 무상원조로
응달진 구석구석의 안간힘을 덮는다

만 원권 지폐를 물고 골목을 누비던 개가
한 마리 고래를 따라 바다로 떠나간 뒤
수평선 바투 잡고서 신화를 다시 쓴다

정선 아라리

칠백 년의 아리랑 천이백 절의 아리랑
이어붙인 시간도 이어붙인 노래도
한목숨 한목소리로 세월 따라 흘렀구나

하루에 흘린 눈물 4.5톤 트럭 백 대*가 된
그들을 살게 하고 일어서게 하면서
넌 정작 늙지 못했구나, 늙을 수도 없었구나

* 1983년 이산가족찾기 첫 날 흘린 눈물의 양 (어느 외신 기자의 보도)

그토록 감감, 그토록 무소식,*

알람도 꺼 버리고 시간도 꺼 버린 채
뒤척임 한 번 없이 그 자리 지켰네요
풍문이 지구 몇 바퀴를 돌았는지 아나요

현몽에라도 한번, 다녀갈 수 없었나요
벌새의 날갯짓은 일 초에 아흔 번
그 속에 숨어 살았어요, 심장 소리 들킬까

방귀 한 방으로 천지를 창조했다는
신화 속 마고할미 그 힘을 빌려다가
설산을 무너뜨리는 꿈, 그 꿈 쥐고 살았어요

* 페루 최고봉에서 22년 실종된 등반가 발견(2024. 7. 10 중앙일보 기사)

무환자나무*

어미의 둔통까지 완벽하게 전이된
두 몸이 하나 되어 울안을 잠재우자

자식은
하늘로 가지 뻗어
거목으로 자랐단다

가십거리 통속소설 그보다 흥미로운
어미와 나무의 내통 한통속의 내력은

어미들
갇히고픈 덫이네
간절하게 은밀하게

* 나무를 심으면 자식에게 화가 미치지 않는다하여 얻게 된 이름

대왕암 꽃무릇

네가 피어 내가 되고
내가 피어 네가 되네

연합은 힘이 세다
서로를 북돋우며

외롭던 1인 시위에
몰려드는 곁, 곁, 곁

산수유에 대한 의역

의준 씨 필문 씨의
셋째 넷째 다섯째와
여섯째 일곱째가
2박 3일 여행을 갔다

김 씨네 신문 1면을 빼곡 채운 웃음소리

소문이 날개 달고
하늘에 닿았는지
발가락 닮은 이들에
기별을 보내왔다

손 큰 건 여전하시네 백 리 밖까지 환한 안부

저만치
– 만어사 진달래꽃

헌화가 먼먼 노래 그 옷을 겹쳐 입고

어쩌자고 너는 그곳 너덜겅에 피었을까

꽃입덧 열 달을 채우면
내게 올까,
꽃으로

기림사 감나무

해묵은 열매를 단 채
허공에 내일을 맡기고

디오게네스* 후생인 양 햇살을 즐긴다

소멸로 향하는 시간
아직 붉다 여전히

제 몫 챙기기에
급급한 새해 기도

법당문 넘고 넘어 마당까지 넘실대도

곁눈질, 까치발도 없이
바람과 한몸이다

새들의 겨울나기에
소신공양 자처하며

과육이 말라가는 자족을 즐기는 생

보는 이, 머무는 이에
한 편 경전이 되네

* 알산드로스대왕이 찾아와 소원을 물으니, 아무것도 필요 없고 햇빛을 가리지 말고 비켜달라고 하였다는 일화를 남긴 그리스 철학자

신화리 팽나무

곁을 준다는 건 무언가를 나누는 일

오백 살 나무 곁에 나도 나무처럼 앉아

이 가을,
무언가를 자꾸
나누고 싶어지네

아모르파티
– 자운영꽃

무더기 무더기 너는 그리 피어서
무더기 무더기 마음도 그리 내놓고

이 봄날,
녹비의 운명을
춤사위로 풀어내네

꽃분홍 꽃분홍 너는 그리 피어서
꽃분홍 꽃분홍빛 묵은 땅에 내어 주고

이 봄날,
녹비의 소명을
소멸로 마무리하네

황매산 철쭉

처음 받은 인세를 꽃 한 수레 사는데 다 쓴*

마흔둘에 세상 떠난 여류 작가 불러내어

온 산에 꽃물 번지는 저 동산에 들고 싶네

* 100권이 넘는 책을 쓴 미국 출신 작가 마거릿 와이즈 브라운

그 남자의 르네상스

그가 가진 방패로 더는 창을 막지 못해
한 쪽 폐가 망가진 채로 겨울잠에 들었단다
새봄에 재생할거야 확언 한 줄 문에 걸고

그를 위해 서둘러 겨울들에 전보를 친다
언 땅을 뚫고 나온 연두빛 서사를
퀵으로 보내달라고, 머잖아 봄이라고

문경새재 아리랑

깨우자 불러보자 아라리 아라리를
경사스런 소식이 새재를 넘어오면
흥겨운 가락에 얹어 방방곡곡 전하자

기쁨은 배가 되고 슬픔은 반이 되게
문경이 선창하고 전국이 후렴 받아
한강서 낙동강까지 하나 되어 놀아보자

막힌 곳 뚫어주고 묶인 것 풀어주면
저 멀리 백두대간도 슬그머니 다가와
아리랑 가락에 맞춰 어깨춤 덩실 추리

*2024년 문경새재여름시인학교 제작 시노래

4부
내면의 소리 2

시 약방을 아시나요

영국 어느 도시에 시 약방이 있다네요
다시, 겹겹의 상처 번식을 시작해도
여권을 들고 가기에 그곳은 너무 멀어요

과잉 진료 원합니다 비밀은 지킬게요
시 처방 과다 복용해 중독되고 싶어요
온몸에 시움이 돋는 부작용을 원해요

지금은 초연결사회 원격의 메아리를
시 약방 시스템이 읽어낼지도 몰라
기대가 단숨에 자라 설렘이 견고해지네

방전된 몸의 언어 내면의 에코까지
모조리 클릭, 클릭, 전송 버튼 눌러놓고
처방전 당도하기 전 잡념들은 버려야지

새해 아침

얼지 말라고 열어 둔 마당가 수도꼭지

어둠에 점을 찍듯 고요에 점을 찍듯

간밤에 홀로 쓴 일기로 새 날을 깨웁니다

무아

보고 듣고 느낀 것
읽고 쓰고 생각한 것

재물처럼 모은 것들 온몸에 박혀있는데

모조리 빼내라하네
흔적조차 지우라네

사과나무는

상상도 할 수 없는 최대치의 열매를
마지막 죽는 그 해 가지마다 매달아
가지가 죽죽 찢어진대
전부 주고 떠난대

유튜브 쇼츠 영상에 붙들린 그날부터
나무의 안간힘이 불쑥 불쑥 찾아와서
잇속을 따진 사랑에
혀를 끌끌 차더라

주고받는 셈법에서 손해 보지 않으려
안간힘을 그렇게, 그렇게 썼는데
저 나무 환생하려나 봐
얌치없는 나에게

진주귀걸이

오늘은
당신 빽으로
빛날 수 있을까요

한껏 포장한 나를 세상에 내 놓아야 할 때

잊었던,
오래 잊었던
당신을 꺼냅니다

영어 공부

혹서와 혹한이 한날한시 찾아왔다
옹알이 겨우 하다 닫혀버린 입술 사이

어느 해 인해전술처럼
밀어넣고 밀어넣고

반항도 항복도 소심하게 처리됐다
온몸의 세포들에 번역기를 달아놓고

증발과 결빙의 언어
끌어안고 끌어안고

단기 기억 장기 기억 온데를 들쑤셔도
단서 하나 찾지 못해 허탈한 저녁 무렵

쉰넷의 늙은 학생이
건진 단어 enjoy!

詩묘살이

삼 년이며 될까했다 당신을 받드는 일

들고나며 여쭈어도 묵묵부답 무심에도

자처한 일이었기에 얼굴 붉히지 않았다

먼먼 전생 어디쯤서 당신을 놓았을까

외사랑 짝사랑에도 식지 않는 마음 있어

천형을 천행이라 읽네,
삼십 년이 된다 해도

페르시아의 흠

완벽함을 해체한
양탄자의 숨구멍

숨이 들고 나는
그 지혜를 읽다

옥죄던
감시자 나를,
해고했다 오늘 자로

도미노 게임

우리는 지기 위해 서 있는 사람들

자기만 살겠다는 배반이 넘치는 세상

눈 닫고,
귀 닫은 채로,
몸의 반을 내어준다

이정자*를 노래함

아버지는 내게
연애를 하려거든 조선 남자를 만나라
아버지, 우리 마을엔 조선 남자가 없어요
맞아서 터진 볼보다 그 말이 더, 억울해요

일본 남자는 내게
조선인 피가 섞인 너랑은 이제 끝이야
연애의 결말은 공식처럼 똑같아서
그들의 이별 통보는 토씨 하나 안 틀렸네

아이는 내게
마사꼬, 고야마 진짜 이름이 뭐야 엄마?
두 개의 이름으로 살아가는 괴로움을
몰라도, 모르면 좋을 일 별 아래서 알린다

일본 친구는 내게
뭘 고민해, 왜 고민해, 귀화해 그럼 쉬워
아이를 생각하면 귀화 동화 스치고
직업도 얻을 수 있지만, 멸망하지 나는!

조선은 내게
아버지 고향집에 핀 도라지 봉숭아꽃
처음 입은 노랑 저고리 겉도는 마음처럼
엄마의 치마폭 뒤에서 훔쳐보는 낯선 손님

단카는 내게
중학교 국어 시간 첫 만남의 순간부터
멎지 않는 딸꾹질처럼 나를 자꾸 불러
피범벅 모래알을 삼키던 그날을 견디게 했어

이정자는 내게
교집합 하나 없는 책 속의 재일 여인
자꾸만 말을 걸어 단수 아닌 복수로
그녀의 혼잣말 노래가 합창 같아 자꾸만

* 재일조선인 2세. 조선인의 회한과 슬픔을 일본의 전통시가 형식인 단가로 노래했다.

내 이름은 김하일*

외국인 등록증에 지문도 찍을 수 없는
나는 한센병 환자 지문 없는 한센병 환자
눈멀자, 더 절실해진
애초부터 없던 지문

침이겠지 핥았는데 누군가 소리치네
"이 봐요 피나요, 혀끝에서 피가 나요"
잃었던 내 나라 언어
자모 겨우 익혔는데

가족을 지웠으니 이젠 네 차례라는 듯
말소리 발소리를 자꾸 지우는 구리오**
언제나 지는 전쟁을
혼자서 버텨내지

차별의 골 깊디깊은 조센징 문둥이
혼자서 부르는 노래 지울수록 되살아나
온몸이 울림통임을

당신네들, 몰랐구나

---

* 재일교포 시인. 한센병으로 시력을 잃고 손가락 지문은 문드러져, 혀로 핥아가며 점자를 익혀 1993년 『혀로 읽는 시』를 발간했다.
** 김하일이 강제 격리되었던 한센인 요양병원

컨터롤 v

너에게 머문 나를 나에게 붙여넣기

그곳에 머문 나를 이곳에 붙여넣기

지금은 긴급 명령의 시간, 마음을 사수하라!

노힐부득과 달달박박*이야기

달달박박
산중의 밤을 견딜 거처를 부탁했으나
계율을 붙들었으니 여인은 여인이라
내치고 꿈꿨으리라 해탈이 눈앞임을

노힐부득
중생을 살피는 일 그 또한 수행이라
기꺼이 여인에게 암자를 내어주고
마음을 맑게 하고서 염송에만 전념했네

달달박박
분명 계를 더럽혔으리 내 가서 비웃어 주리라
마음속 의기양양이 몸짓에 배어 나와
암자에 이르는 길을 한달음에 달렸으리

해탈의 방편은 계율 아닌 자비였네
성불한 노힐부득 연화대에 앉아서
엎드린 달달박박에게 성불의 길 인도했네

*『삼국유사』-노힐부득 달달박박 편 (수행처를 찾은 여인의 해산을 도와주고 성불한 두 친구 이야기)

종합선물셋트

누가 놓고 갔을까 어린 날의 저 상자

추잉껌 한 통 속엔 아픔이 납작하고

예쁨은 동글동글한 사탕 속에 숨어 있다

초코파이 한 입 먹고 얼굴 지운 슬픔과

계란과자처럼 봉긋한 기쁨은 단짝이다

가르고 나누지 않아도 온전히 니꺼내꺼

어디서 무엇이 되어 다시 만나랴*
- 솔발산 공원묘지

당신께서 덮었던 책장의 마지막을 펼쳐
뒷이야기를 씁니다 그날부터 지금까지
시점이 자꾸 흐려져 글들이 흩어지네요

더 이상 건너올 수 없는 그 편의 언어들은
몇 번의 번역기를 돌려야 닿을까요
대답을 기다립니다 답신 빨리 주소서

둥글고 단단해진 수천 개 동음이의어
다 잊은 듯, 다 버린 듯, 그렇게 누웠지만
골짜기 가득 서린 고요 압축파일 같습니다

세필 궁체로 알알이 그렇게 써 내려간
당신의 생애가 여전히 진행형이길
한나절 바람에 기대 바람을 소지합니다

* 김환기 그림에서 차용

한여름밤의 난상토론
– 합천 천불천탑

삶은 진중함이야 석탑들 이구동성에

삶은 간절함이야 소원지도 이구동성

천불이
가만 거든다
삶은 그저,
빙그레야

| 해설 |

질주정을 멈추는 여유의 언어

— 김종연 시조집 『시 약방을 아시나요』

손남훈(문학평론가, 부산대 교수)

| 해설 |

질주정을 멈추는 여유의 언어

― 김종연 시조집 『시 약방을 아시나요』

손남훈(문학평론가, 부산대 교수)

 시에서 세계에 대한 시인의 태도를 표명하는 방식은 언어적 표현에만 국한되지 않는다. 리듬 또한 시인의 태도를 구체화하는 데 능동적으로 참여한다. 물론 리듬은 시가 구성될 때 소리, 의미, 이미지 등의 차원에서 나타난 반복이 특정한 효과를 자아낼 때 결정된다. 리듬을 시의 미적 의장이라 할 수 있는 이유도 여기 있을 것이다. 그러나 시의 리듬은 작품의 미학성에만 관계되는 것이 아니라 시인이 내면화한 세계의 규칙과 질서를 방법적으로 외화하는 주요 요소이기도 하다.
 특히 정형시인 시조는 500년 이상의 생명을 유지하면

서 시대와 상황, 가치관에 따라 리듬의 변화무쌍한 변주를 보여 왔다. 고려 말 발생한 시조가 성리학자들에게 수용되어 3장 형식의 4음보격으로 정제된 운율을 갖추게 된 것은 성리학적 질서에 바탕을 둔 새로운 국가체제의 수립과 관련되며, 조선 후기 장시조가 단시조의 리듬에서 이탈하는 현상은 임진왜란 이후 계급 질서가 크게 흔들린 상황을 반영하고 있다. 개화계몽기 새로운 미디어인 신문이 음절의 개수까지 정확히 반복하는 엄격한 형식의 시조를 주로 게재함으로써 서세동점의 상황에서 황제 중심의 국가 체제를 굳건히 유지하고자 하는 의지를 외화한 것이나 시조부흥운동이 단시조 형식을 채택한 것 또한 민족적 동일성을 발명, 발견함으로써 그에 입각한 새로운 질서의 세계를 상상한 데 따른 의식적·무의식적 결과다.

오늘날 현대시조는 현대시와 서정 장르의 지분을 나누어 가지면서 경쟁 장르로 자리매김했다. 현대시가 형식적으로 자유로운 내재율로 현대인의 복잡다단한 내면을 정직하게 표현한다면, 현대시조는 정형성의 규칙 안에서 차이를 가진 반복의 율격으로 어지러운 세계에 새로운 규칙과 질서를 당위적으로 부여하려 한다. 현대시조는 '현대'의 내용적 복잡성과 '시조'의 형식적 반복성 사이에서 쉽사리 조화되지 않는 팽팽한 벡터가 변증법적으로 지양하면서 시적 긴장을 빚어낸다. 각각의 시편에서 나타나는 현대시조의 리듬은 현대인의 삶의 양식을 있는 그대로 보여

주는 데 집중하느냐, 있어야 할 진실에 더 가닿으려고 하느냐에 따라 두 개의 계열로 정리해볼 수 있는 것이다. 대체로 실험적인 시조 작품은 전자에, 정통성에 입각한 시조는 후자에 해당한다.

김종연의 세 번째 시조집 『시 약방을 아시나요』는 이 두 계열을 동시적으로 포착하려는 태도를 보여주고 있다. 시조의 정통성을 지키되 현대성의 감수성 또한 놓치지 않으려 하고 있는 것이다. 여기에서 김종연 시조의 긴장이 배태되어 있음은 두 말할 나위가 없다.

    천지사방 꽃 핀 봄날 꽃비 흩날리던 날

    꽃송어리들 어깨 걸고 봄밤 한기 견디던 날

    아파트 옥상에서 툭, 열세 살 소녀가 졌다

                      ―「동백꽃 비보」 전문

계절의 순환은 자연의 섭리다. 시적 배경은 "천지사방 꽃 핀 봄날", 심지어 "꽃비"마저 "흩날리던 날"이다. 말하자면, 겨울이 지나 봄이 무르익어 가는 자연의 섭리가 진행되고 있는 과정이다. 그런데 뜻하지 않게 "봄밤 한기"를 견뎌야 하는 어느 날, 자신의 꿈과 희망을 봄날의 꽃처럼 "흩날리"듯 만발해야 할 한 소녀가 그만 세상을 등지고 말았다. 소녀의 죽음은 봄밤의 한기처럼 자연의 섭리로부터 벗어나고만 안타까운 사태다. 조선조 성리학자들의 단시조가 성리학적 질서에 입각한 자연의 섭리를 반복의 형식으로 육화한다면 이 작품 또한 4음보격의 정제된 단시조 형식으로 세계의 순환과 반복된 질서를 외화하고 있다.

문제는 이러한 세계의 질서가 현대 문명사회 안에서 더 이상 유효하게 작동하지 않는다는 데 있다. 이 시는 자연의 섭리가 단절된 세계의 감각을 "봄밤 한기"라는 계절적 배경에 덧입혀 제시한다. 생명의 순환과 갱신을 상징하는 봄의 시간에 느닷없이 스며든 냉기冷氣는, 자연의 조화가 교란된 현실의 감각적 표상이며, 동시에 인간 생명의 존엄이 외면당하는 현대사회의 구조적 폭력을 환기시킨다.

소녀의 죽음은 단순한 비극이 아니라, 자연의 질서를 모방하며 유지되어야 할 사회 시스템이 그 본연의 규칙을 상실한 채, 청소년을 학대에 가깝게 내몬 과도한 경쟁과 무한한 성취 강요의 기제로 작동하고 있다는 비판적 인식의 귀결이다. 이는 곧 생명의 '시기'마저 무시한 채, 문명의 시스템이 자연을 압도하는 방식으로 삶을 조직하고 있음을 고발한다.

흥미로운 점은 이 시가 전통 단시조의 3장 4음보 형식을 따르면서도 각 장을 '행'이 아닌 '연'의 구조로 배열하고 있다는 사실이다. 이러한 형식의 변용은 단지 외형적 실험에 그치지 않는다. 그것은 자연의 섭리가 교란된 세계에서 시적 리듬과 호흡마저 단절되고 있는 현실의 미학적 반영이며, 시인이 그 세계로부터 일정한 비판적 거리를 유지하고자 하는 태도의 표현이기도 하다. 행과 행 사이의 간극은 곧 질서의 균열이며, 구조의 틈이라 할 수 있다.

이러한 시적 구성은 자동화된 일상의 반복 속에서 생산되는 당위적 질서의 형식화된 벡터와, 그 질서의 내부에서 감지되는 균열과 예감의 벡터가 서로 긴장감을 이루는 이중 구조로 형상화된다. 시는 그 긴장의 장場 위에서, 인간이 구축한 세계 질서의 불완전성과, 그로 인해 희생되는 생명의 감각을 비판적으로 조망한다.

이처럼 시인은 당위와 현실 간의 거리를 진단하고 이를 시적 형식으로 외화하여 시조의 시조다움을 구체적으로 구현한다. 주목할 것은 이러한 거리 감각이 시조라는 작품 내적 세계 안에 머무는 것이 아니라 시인을 둘러싼 세계 전반의 인식과 그 인식에 따른 시인의 심리적 고통 상황으로 돌올하게 드러나고 있다는 점이다. 4부로 구성된 이 시집의 1부와 4부가 '내면의 소리1·2'인 점은 예사롭지 않다.

내 안의 선과 악을 분리할 수 있나요?

간단한 수술입니다 몇 분이면 끝나죠

아직도 수술 중인가요
55년이 지났는데…

—「지킬 앤 하이드」 전문

  선과 악은 서로 반대의 벡터를 향하고 있지만 시적 화자의 내면 안에서 하나로 용융되어 있다는 점에서 모순적이면서 통합적인 성격을 띤다. 인간은 신도, 악마도 아니기에 완전한 선도, 완전한 악도 한 개인의 내면을 완전히 장악할 순 없다. 그러나 시적 화자는 자신의 내면에 도사리고 있는 악마적 본성과 자연스레 타자를 위하는 선의 본심을 구분하여 인식할 수는 있다고 본다. 그런데 인식한다고 해서 마음 속에서 일어나는 정동까지 통제할 수 있는 것은 아니다. 선과 악을 구분하여 인식하는 것과 선악의 마음이 일어나는 것은 전혀 다르기 때문이다. 이러한 통합되어 있되 모순된 한 개인의 내면 상황은 시적 화자가 세계를 인식하는 방식, 즉 당위와 현실 사이의 이분법적 모순 상황과 상동 관계를 자아낸다.

티끌도 모으면 태산이 된다는 듯
모른 척, 괜찮은 척, 아닌 척의 파편들
기어이 대들보를 올리며 집 한 채를 짓는다

망치질 요란하고 훈수꾼도 여럿이다
무거운 것들에 점령당한 하루 이틀…
누적은 힘이 세다는 걸 증명하는 저 공사

부풀린 집값처럼 천정부지로 치솟아
아무도 엄두 못 낼 성이 되면 어쩌지
게보린, 타이레놀 펜잘을 투하하면 폭파될까

궁리가 궁리를 물고 비밀요원 자처하며
현장을 뒤지자 꽁무니 뺀 원인들
책임을 떠넘기느라 척, 척, 척만 분주하다

―「두통」 전문

  시적 화자는 현재 "두통"으로 고통받고 있다. 그 원인을 캐기 위해 "궁리가 궁리를 물고" "현장을 뒤지"지만 미궁 속으로 빠지고 만다는 것이 이 작품의 전언이다. 그런데 두통이라는 증상의 원인을 시인은 이미 알고 있다는 점에서 이 작품은 아이러니컬하다. "모른 척, 괜찮은 척, 아닌 척의 파편들", "척, 척, 척만 분주"하다고 이미 밝히고 있기 때문이다. 시인은 "척, 척, 척"으로 요약되는 현대사회의 위선적인 가면들, 다시 말해 섭리에 따른 자연스러운 삶의 방편이 무너지고 그에 대해 아무런 책임감 없이, 그저 주어진 표피적인 삶을 무비판적으로 수용하며 살아가는 태도를 용납할 수 없기에 두통이 발생하고 있는 것이다. 존재의 자연스런 섭리에 따른 삶과 그로부터 벗어난 위선적이고 표피적인 삶 사이에서 오는 괴리가 고통의 증상으로 발현되고 있다. 따라서 이 때 두통은 내면의 본질을 가리는 기만의 현실과 언어들이 만연하는 현상에 대한 경고로서의 의미를 지니게 된다.

이처럼 당위와 현실 사이에서 옴싹달싹하지 못하는, 나아가 그러한 괴리가 육체적 증상으로까지 발현되고마는 시적 메커니즘에서, 시인이 이를 극복하기 위한 간절한 태도를 보이는 것은 매우 당연해 보인다.

밤새 자란 침묵이 복도까지 흘러넘쳐

덩그런 긴 의자를 삼켜버린 지 오래

발소리 저벅저벅이 제발제발로 들린다

―「중환자실 앞에서」 전문

사람의 어떠한 노력으로도 극복할 수 없는 친인親人의 병마 앞에서, "밤새" 절실하게 회복하기를 우두망찰 기다릴 수밖에 없는 상황은 환자의 용태를 보고하러 오는 의사의 발소리마저 "제발제발로 들"릴만큼 간절하다. 당위와 현실 간의 간극은 이처럼 인간의 노력과 의지가 무의미해지는 순간에 이르러서도 불쑥, 제 얼굴을 드러내고야 만다. 여기에 허무주의의 유혹이 있다.

그러나 김종연의 시조는 건강하다. 이는 고통어린 현실의 한가운데서도 쉽게 삶의 무가치와 무의미로 전락하지 않는 의지적 태도를 보이고 있다는 점에서 분명히 확인된다. 비록 세상에 의한 고통은 온전히 고독한 것일지라도 고통의 진동은 오로지 한 개별자에게만 국한되는 것이 아님을 시인은 알고 있다. 그러니 다음과 같은 작품이 나올 수 있다.

> 하루 열 시간씩 주방에 붙박이다 보면
> 끼니 챙길 여력은 바닥을 드러내고
> 보태진 매출 걱정에 하루가 늘 위태했다
>
> 고달픈 자영업자의 끼니 품앗이 '바꿔머거'
> 서로의 한 끼 밥에 온기까지 얹어 보내며
> 현대판 보릿고개를 힘겹게 넘고 있다

―「바꿔머거」 전문

자연의 섭리를 잃고 파편화된 삶의 양식이 지배하는 현

대사회 속에서, 이를 경고하는 온갖 증상들이 시인의 영혼과 육체를 휘감고 있다 하더라도, 존재에 앞서는 개별 실존의 양태들은 상호 연대하는 *끈끈한* 힘을 내재하고 있음을 이 시는 보여준다. "서로의 한 끼 밥에 온기까지 얹어 보내"는 이 익명의 연대는 「이정자를 노래함」, 「내 이름은 김하일」에서 신산스런 재일 한인의 삶에 넉넉한 지지를 보내는 시인의 언술에서도 확인할 수 있는 바, "하루가 늘 위태"한 가운데서도 "보릿고개를 힘겹게 넘"을 수 있는 원동력이 되고 있다.

그것은 "연합은 힘이 세다/ 서로를 북돋우며// 외롭던 1인 시위에/ 몰려드는 곁, 곁, 곁"(「대왕암 꽃무릇」 부분)에서 진술한 바와 같이 서로의 곁을 내어주며 개별자의 고통을 있는 그대로 두지 않고 타자와 더불어 나누고 베풂으로써 실현되는 것이다. 이처럼 상호호혜의 휴머니즘에 입각한 고통의 연대는 어떤 조건이나 경우에 매몰되지 않고 시대와 상황에 따른 타자에 대한 절대적인 의무로 행해져야 한다는 것이 시인의 생각이다.

우리는 지기 위해 서 있는 사람들

자기만 살겠다는 배반이 넘치는 세상

눈 닫고,

귀 닫은 채로,
몸의 반을 내어준다

—「도미노 게임」 전문

자크 데리다는 타인과의 관계에서 생기는 윤리와 정치의 기초이자 원칙으로 환대를 정의하면서 무조건적 환대와 조건적 환대 사이에서 끊임없이 생성되는 아포리아를 내재화하는 '시적 환대'를 주장했다. 요컨대 진정한 환대란 당위로서의 무조건적 환대도, 현실적인 조건적 환대도 아닌, 이 둘 사이의 모순을 특정 상황 속에서 끊임없이 발명, 재발명해 나가는 과정이라는 것이다.[1]

이 작품에서 화자는 "우리는 지기 위해 서 있는 사람들"이라고 선언하며 이러한 '짐'은 "몸의 반을 내어"주는 행위로 구체화될 수 있음을 보여준다. 온통 "배반이 넘치는 세상"에서 그 상황과 반대되는 '내어줌'을 발명함으로써 "배반"의 세계로부터 이탈하고자 하는 의지가 여기에는 담겨있다. 타자를 향한 순수한 베풂의 언사가 "몸의 반을 내어"주는 것이라면 이는 타자에 대해, 타자를 주인으로 모시는 환대의 아포리즘에 대한 시적 표현이 되고 있는 것이다. 세계의 온전하고 자연스러운 규칙과 질서가 깨어져버린

---

[1] 은정, 「데리다의 시적 환대 - 환대의 생성적 아포리아」, 『인문과학』 제44집, 성균관대학교 인문학연구원, 2009, 118쪽.

상황에서, 타자와 함께 하는 연대와 환대의 상상력이 세계를 적대로 삼아 분쇄하고자 하는 적의의 언사로 구현되는 것이 아니라 베풂과 나눔의 가치를 새롭게 규정하고 이를 시적 언사로 실천함으로써 "속도전 경쟁전으로"(「장보기 난민」 부분) 어지러운 세상, 온통 "아닌 척의 달인"(「프리사이즈」 부분)일 뿐인 위선의 가면들로부터 시적 대안을 창안해내려 하는 것이다. 그러니 시쓰기는 단지 개인의 내면을 토로하거나 세상의 한 단면을 진단하는 차원을 넘어 자기 구원의 대안적 언어로까지 승격 가능한 것이 된다.

    영국 어느 도시에 시 약방이 있다네요
    다시, 겹겹의 상처 변식을 시작해도
    여권을 들고 가기에 그곳은 너무 멀어요

    과잉 진료 원합니다 비밀은 지킬게요
    시 처방 과다 복용해 중독되고 싶어요
    온몸에 시움이 돋는 부작용을 원해요

    지금은 초연결사회 원격의 메아리를
    시 약방 시스템이 읽어낼지도 몰라
    기대가 단숨에 자라 설렘이 견고해지네

방전된 몸의 언어 내면의 에코까지
모조리 클릭, 클릭, 전송 버튼 눌러놓고
처방전 당도하기 전 잡념들은 버려야지

―「시 약방을 아시나요」 전문

상처를 치료하기 위해 약국에 들러 처방을 받듯, 세상으로부터 받은 "겹겹의 상처"를 "시 처방"으로 치유하고자 하는 상상력을 이 작품은 보여준다. 이러한 시적 발상은 "방전된 몸의 언어"라는 말이 내포하듯 작품 쓰기의 어려움 때문이기도 하고 같은 맥락에서 순수한 시적 자아를 보존하기 어려운 세상살이의 힘겨움 때문일 수도 있다. 나아가 시심을 회복하고 시의 시각으로 세계를 새롭게 보고자 하는 의지의 발로이기도 할 것이다. 왜냐하면 영국에서 한국까지의 거리가 먼만큼, 그 원거리의 공간 모두가 시로 가득 차는 "원격의 메아리"로 수신된다면 세계는 시와 동의어가 될 것이기에 "시국時局이 시국詩國 되는 일"(「계엄정국」 부분)은 상상적으로나마 실현될 것이기 때문이다. 시인이 시쓰는 일을 "천형을 천행이라 읽네"(「詩묘살이」 부분)라 말놀이pun한 동기도 마찬가지일 것이다.

온통 시로 들어차는 세계로서의 시는 시인이 꿈꾸는 당위적 세계에 대한 수사이자 질서와 규칙을 망각한 세계에 대한 비판이며, 표피적 세계 인식으로부터 실존의 본질을 들여다보게 하는 계기를 안겨준다는 점에서 의미를 가진다. 이제 자기 구원은 그 자체로 세계 구원과 동의어가 된다. 세계의 절대적인 규칙과 법칙인 자연에 시인의 내면이 기울어지는 이유도 여기에 있다.

> 지난여름 수해로 뾰쪽해진 길들이
>
> 어딜 가냐 왜 가냐 자꾸 세어 묻는다
>
> 근방의 사과나무도 한 편임이 분명하다
>
> 초록 마당 징검돌 쭈뼛대는 속내 읽고
>
> 둥글게 빚은 인사 먼저 내어놓고
>
> 금당도 풍경화 몇 점을 품에서 꺼내준다
>
> 가고 없는 선사의 음성을 따라가며
>
> 어디쯤에 닿았을까 법당에 앉은 저들은
>
> 고요와 한 덩이가 된 부처들이 앉아 있다

화두도 참선도 모르는 낯선 이에게

쉬었다 가라 부르는 마당가 의자 하나

뾰족한 길들의 물음에 답 하나가 생겼다

—「금봉암 가는 길」 전문

"금봉암"은 자연이 아니지만 자연과 하나가 된 또 다른 세계의 모습이다. 그곳은 "고요와 한 덩이가 된 부처들이 앉아 있"고 "쉬었다 가라 부르는 마당가 의자 하나"가 있다. 인간이 자연의 질서를 망가뜨림으로써 발생한 "수해", 그 "뾰족해진 길들" 너머에 둥글디 둥근 자연의 "풍경"과 그보다 더욱 둥근 듯한 "고요"가 존재한다. "뾰족"함의 세계에서 "쭈뼛"댐의 과정을 지나 모든 것을 "품에서 내어" 주는 자연과 함께 된 세계("금봉암")에 당도하여 참여함으로써, 시적 화자는 자연적 질서를 잃어버린 속세의 '시끄러움'에서 벗어날 하나의 실마리, "답"을 얻게 된다.

성리학자들에게 자연은 그 자체로 도道가 실현된 시공간이다. 그 안에서 읊조리는 한 편의 시조는 자연의 도를 닮은 것이거나 최소한 도를 닮기 위해 취하는 태도가 표현된 것이다. 인간과 세계 간의 조화와 질서가 도의 다른 이름이라면, 현대문명은 도의 상실이자 파괴의 폐허 위에 세

위진 마천루다. 자연과 접촉을 잃고 세계와의 동일성을 더 이상 체험할 수 없게 된 현대인의 일상은 오직 "질주의/ 질주에 의한/ 질주를 위한 시간"(「레밍딜레마」 부분)만이 남아 더 이상 스스로 비판하고 반성할 수 있는 계기마저 상실되어버렸다. 화자는 질주의 시간을 잠시 멈추고 "쉬었다 가라 부르는 마당가 의자"에 앉아 비로소 자신을 성찰할 계기를 얻고자 한다.

폴 비릴리오는 현대사회가 빛과 같은 속도로 무한 질주하는 상황을 '드로몰로지Dromologie'라 부른다. 문명이 발전할수록 빨라지는 속도는 시공간을 압축함으로써 결국 주체와 타자 간 삶의 공간을 소멸시키고 지속과 머무름을 소멸시키며 현대인의 삶을 무한 경쟁체제로 끊임없이 속도 경쟁을 펼치게 하여 궁극적으로 세계의 파멸로 이어질 것이라 경고한다.[2]

시조의 정형성은 반복에서 배태되며 반복은 항상 시간적 회귀의 반복이다. 시조의 시간적 형식은 과거에서 미래로 일방향적인 흘러감이 아니라 가다서다, 오다가다, 돌아오고 돌아가기의 반복이 축적됨으로써 구현되는 것이다. 그것은 현대인에게 무한질주의 감각을 지연시키고 잔혹한 경쟁 체제로부터 이탈시키는 시적 효과를 창출한다. "가르고 나누지 않아도 온전히 니꺼내꺼"(「종합선물셋트」

---

2 이지훈·이수홍, 「디지털 기술시대의 예술 – 폴 비릴리오의 속도 개념과 피크노렙시를 중심으로」, 『예술과 미디어』 제23권 1호, 예술과미디어학회, 2024, 119-121쪽.

부분)라는 전언은 이처럼 속도를 늦추고 풍경을 돌아볼 줄 아는 이의 감각적 체험에 뒤따를 때에서야 비로소 가능한 것이다. 김종연의 시조는 이러한 시적 체험에서 비롯한 '여유'의 감각을 회복하기를 우리에게 요구하고 있는 것이다. 그것은 단순한 시적 포즈도, 현대인이 완상할만한 미적 의장도 아니다. 문명의 파국으로부터 우리를 구출하는 절치부심의 방편에서 도출한 시적 대안이다.

    삶은 진중함이야 석탑들 이구동성에

    삶은 간절함이야 소원지도 이구동성

    천불이
    가만 거든다
    삶은 그저,
    빙그레야

        —「한여름밤의 난상토론 — 합천 천불천탑」 전문

  그러니 김종연의 시조집에서 위와 같은 작품을 만날 수 있게 되는 것은 우연이 아니다. 삶을 무엇이라 정의하든, 그러한 "난상토론"이 우리에게 어떤 의미로 다가오든, 무한질주하는 현대인의 삶의 방식에 일정한 제동이 가해지지 않으면 결국 "무조건 달려달려 채찍질 난무했던/ 종착지 절벽 앞"(「레밍딜레마」 부분)에서 우리는 비극을 맞이할 수밖에 없을 것이기 때문이다. 1960년대 김수영이 근대화로 인해 고착되어 가는 대제도가 당위를 강요한 데 맞서 사물과 사태의 이면을 들여다보는 '여유론'을 주창했듯[3] 시인은 기만과 위선, 오염된 언어의 문명 세계가 빛의 속도로 맹목적으로 질주하여 종국을 향해 가는 상황에 맞서 "삶은 그저,/ 빙그레"라는, 이백이 「山中問答」에서 말한 "소이부답심자한笑而不答心自閑"의 구절을 연상시키는 여유=閑 있는 태도를 보여주고 있는 것이다.

지금까지 살펴본 바와 같이, 김종연의 시조는 삶의 당위와 현실 사이의 불화에 감응하며, 그로 인한 심리적·육체적 고통을 시적 상상력으로 전환해 나간다. 그의 시적 기획은 단순한 도피가 아니라, 붕괴된 질서 위에 새로운 세계의 윤리를 상상하려는 치열한 문학적 응전이며, 파편화된 현대문명 속에서 소외된 자연과의 합일, 조화를 회복하려는 잠재적 사유의 운동이라 할 수 있다. 이는 회귀의 욕망을 넘어, '잃어버린 시간'을 되찾기 위한 미학적 저항의 형식으로 작동한다.

그러한 시적 태도를 함축하는 또 다른 언어가 있다면, 그것은 '여유'일 것이다. 여기서의 여유는 피상적인 느긋함이 아니라, 과속화된 문명적 시간성에 저항하며 전통적

---

3 김수영, 「생활의 극복」, 『김수영 전집2 산문』, 민음사, 2003, 96쪽.

이면서도 동시에 현대적인 감각을 새롭게 발명하고자 하는 시적 전략이며, 정형률의 느린 호흡으로 속도의 문법을 교란하는 정밀한 미학적 실천이다.

김종연의 시조는 현대문명의 가장 예민한 병리적 징후들을 현대시조의 넓은 스펙트럼으로 수용한다. 그것은 결코 전통에의 안주가 아니라, 전통의 내적 자장에서 현대성을 비판적으로 조망하고 재구성하려는 진중한 시적 실험이다.

그는 시조의 정통성을 견지하면서도 그 내부로부터 현대적 감각과 문제의식을 섬세하게 침투시킨다. 이로써 전통과 현대는 대립이 아닌 긴장 속 공존의 미학으로 수렴되며, 그 접면 위에 시인은 오늘의 시조가 도달할 수 있는 새로운 가능성의 지형을 펼쳐 보인다. 바로 이 점이 벌써부터 그의 다음 시편들을 기다려야 하는 이유다.